mañana sol

Colección: Licenciado Vidriera. Serie Gráfica, 13

KAOS, Javi
   Mañana sol / Javi Kaos. - Valladolid : Ediciones Universidad de Valladolid, 2025

   162 p. ; 22 cm. - (Licenciado Vidriera. Serie Gráfica ; 13)
   ISBN 978-84-1320-337-9

1. Artes gráficas – Aspecto social 2. Carteles I. Javi Kaos, aut.
II. Valiño, Fernando, ep. III. Sierra, Manolo 1973- , ep.
IV. Universidad de Valladolid, ed.

   (084.5)

mañana sol

Javi Kaos

© JAVI KAOS, 2025
EDICIONES UNIVERSIDAD DE VALLADOLID

Diseño de cubierta: El autor

ISBN: 978-84-1320-337-9
Dep. Legal: VA-118-2025

Preimpresión: Ediciones Universidad de Valladolid
Imprime: PODIPRINT – España

javi kaos

Contra el pesimismo

Hay caminos más allá de los lamentos

Ningún ser humano es ilegal.
Ni pobres excluidos, ni ricos privilegiados.

Europa ciudadela. Libre comercio, sin fronteras interiores, pero con unas murallas exteriores cada vez más infranqueables.

CONTRA EL CAPITAL
AVANZANDO
NI UN PASO ATRÁS

usura
DESPIDOS
desigualdad
blanqueo flexibilidad
CORRUPCIÓN contratos basura
EVASIÓN PRIVATIZACIÓN
ESPECULACIÓN CIERRES

Amar la tierra no significa tener derecho a saquearla y envenenarla, convertirla en un erial y luego abandonarla, ni disparar a todo lo que se mueva, ni ser guardián de absurdas tradiciones.

no todo lo verde es

ECOLOGÍA

MÁS SETAS MENOS ZOQUETES

toreros homófobos sexistas cazadores pistoleros xenófobos

Amar la tierra es respetarla y conservarla.

Más de 4000 religiones con miles de dioses, pero el nuestro es el bueno.

Durante siglos se ha impedido, o cuanto menos desanimado,
a las mujeres el acceso al conocimiento.
Actuálmente se siguen perpetuando aptitudes y roles
que intentan colocarnos a cada cual en su sitio.

Ser consciente de la realidad y quejarse sólo es un primer paso.

Organizarse y luchar parece el segundo paso obvio.

Luces de colores, bares y tiendas a tope, comilonas y regalos. Si esto es serio...

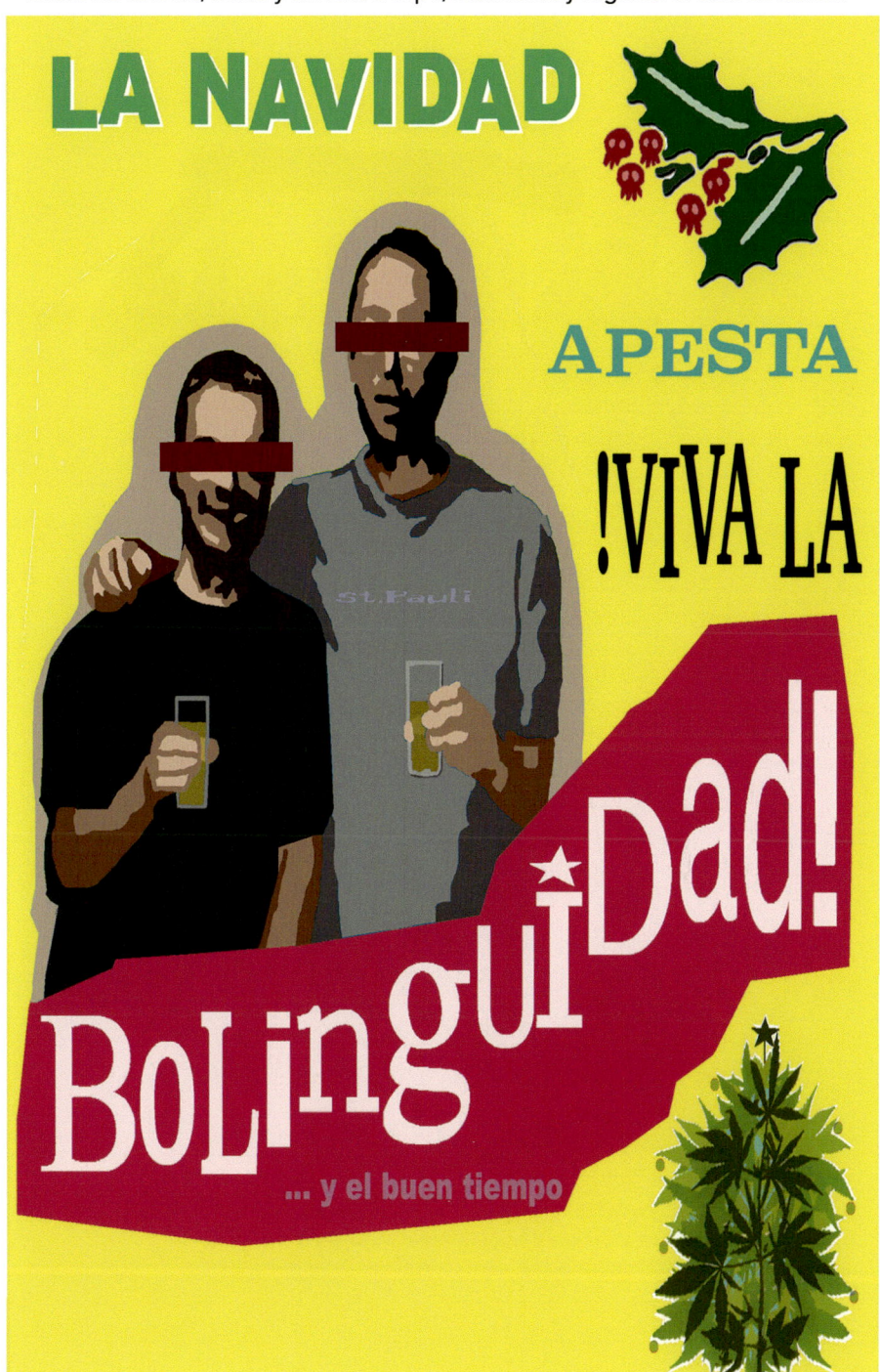

La educación pública, la reforma agraria,
las mejoras de las condiciones de trabajo...
Costaron muertes, costaron cárcel, costaron exilio.

Todo perdido tras un golpe de estado.

Derechos y avances en iguadad, que podemos creer consolidados,
también se pueden perder si no se defienden.

Coorporaciones y terratenientes cobran fondos sin bajarse del sofá.
Utilizan el campo para frenar el progreso social.

OTRA AGRICULTURA ES POSIBLE...

La cultura es mucho más que ir a un concierto de Dylan o una exposición de Picasso. Desarrollar y compartir es más enriquecedor.

Ordenanzas, leyes, multas, prohibiciones, sanciones, cárcel.
No te muevas, no protestes, no te salgas del redil...

Por voluntad política o por una insuficiente financiación se derivan al sector privado ya sea en la sanidad, en la educación o en el transporte las líneas más rentables.

Mediante los "conciertos" seguimos pagando estos servicios, con lo cual el gasto público sigue incrementándose, sin que pueda dotarse de medios para ser más eficaz, ya que ese dinero va a engordar las cuentas de propietarios y accionistas.

Si no se obtienen los resultados esperados, no hay problema:
se recogen beneficios y a esperar al rescate público.
Da igual que sea una autopista, un hospital o la recogida de basuras.

Avanzando juntos frente al egoismo del capitalismo.

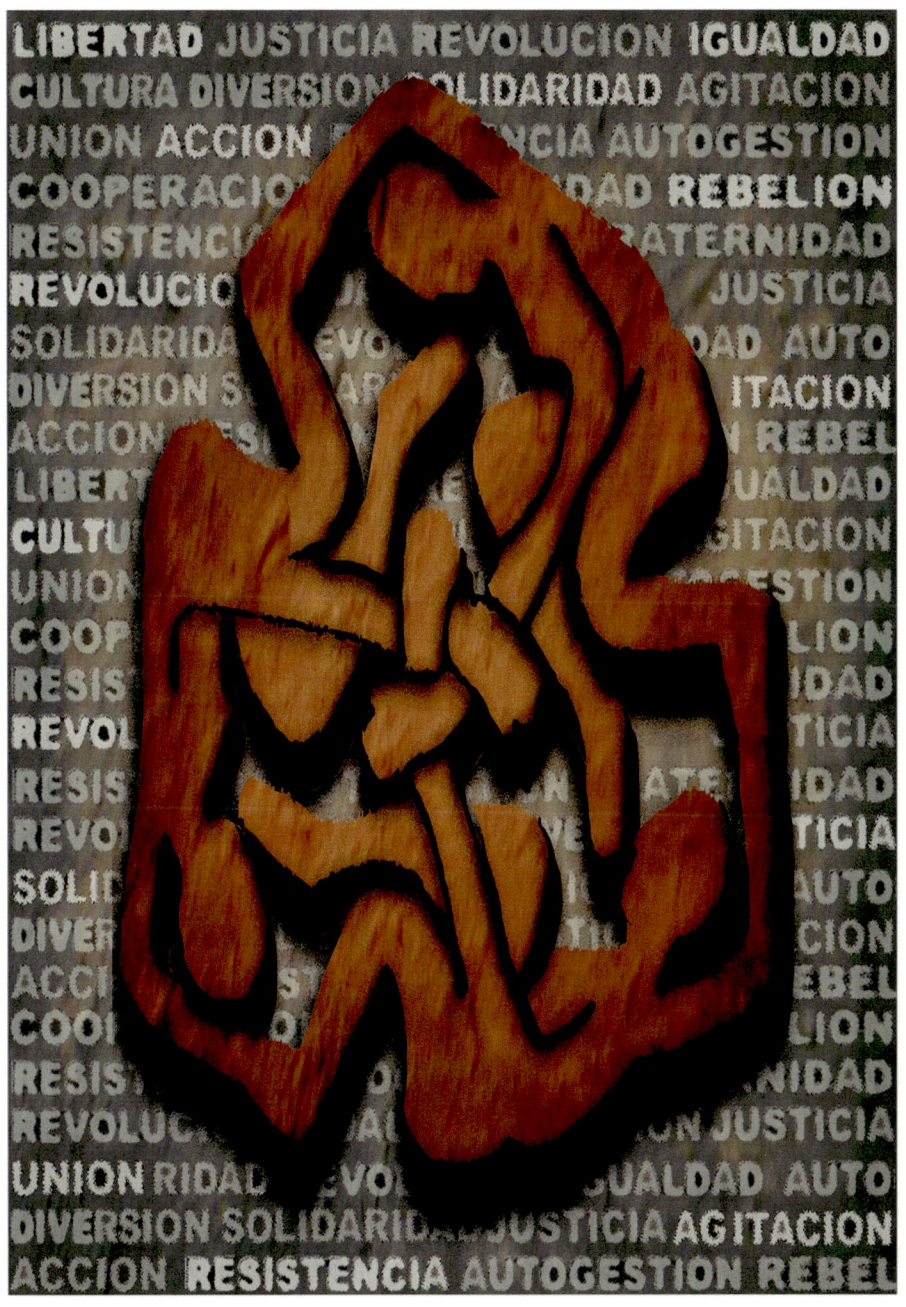

Nadie es mejor ni debe tener mejor futuro por haber nacido rico, hombre o en Villarriba.

La jornada laboral de 40 horas se luchó y consiguió hace más de un siglo.

CONTRA LA PRODUCTIVIDÁÓ

TRABAJAR
MENOS
Y
TRABAJAR
TODOS
ES
VIVIR
MEJOR

Desde entonces y a pesar de los avances tecnológicos las horas de trabajo
no sólo no disminuyen sino que aumentan con horas extras encubiertas.
La edad de jubilación no hace más que retrasarse,
mientras millones de jóvenes y parados esperan.

El fascismo avanza, la culpa es de los de fuera, los otros nos roban, volveremos a ser grandes, primero nosotros, dios, patria y tradiciones...

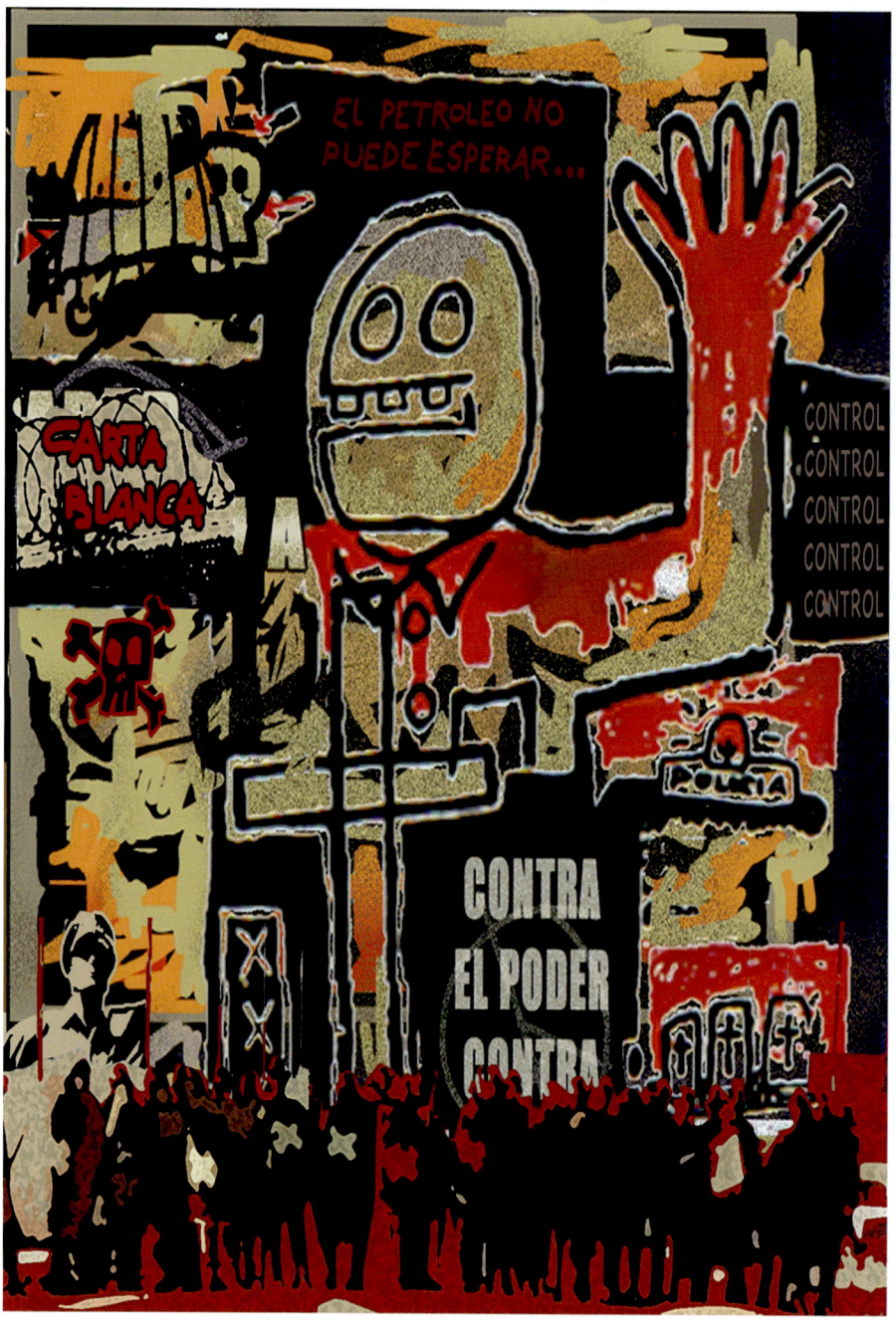

Premisas falsas que llevan al enfrentamiento con nuestros vecinos, y todo para que sigan mandando los mismos...

Nos hablan de patrias y sólo les interesa su patrimonio.

No esperemos que los distintos gobiernos arreglen,
ni siquiera mejoren, nuestras vidas.
Sólo si somos capaces de una mayor fuerza colectiva seremos capaces de avanzar.

El poder no cede nada sin que lo exijamos.

Es necesario un urbanismo sostenible,
respetuoso con la gente y el medio ambiente, que permita el transporte público...

...con espacios públicos donde relacionarnos.
sin ghetos mal equipados de excluidos ni urbanizaciones excluyentes de ricos.

Ante plagas periódicas la respuesta de la administración es arrasar
los arbustos y matorrales , esparcir toneladas de veneno
en una tierra ya de por sí muy castigada por siglos de monocultivos.
Asestando un golpe más a la vida silvestre, tan necesaria para su conservación.

En marcha por la dignidad.

En acción para la igualdad.

En bosques y montes perduran las huellas de los hombres y mujeres que siguieron luchando contra el golpe franquista.
Traicionados por las democracias europeas, olvidados por la democracia española.

Macizo Gallego
Sierra de Guadalupe
Montes Cantábricos
Bages
Bética
Sierra Morena
Sierra de Gata
La Cabrera
Montes Aquilanos
Serranía de Ronda
Valle del Jerte
Laciana
Los Alcornocales
Alto Aragón
Serranía de Cuenca
Sanabria
Sierra de Gredos
Albarracín
Berguedá
Montes de Toledo

El capitalismo perjudica seriamente nuestra salud

Prefieren irse a Marte antes que dejar de destruir la Tierra
y así acumular más poder y riqueza.

salud y alegría

Resistencia.
Frente al expolio, la colonización cultural y el exterminio de los pueblos indígenas.

Los economistas oficiales nos dicen que el sistema se regula y estabiliza por sí mismo, que no hay que poner trabas y todo marchará mejor.

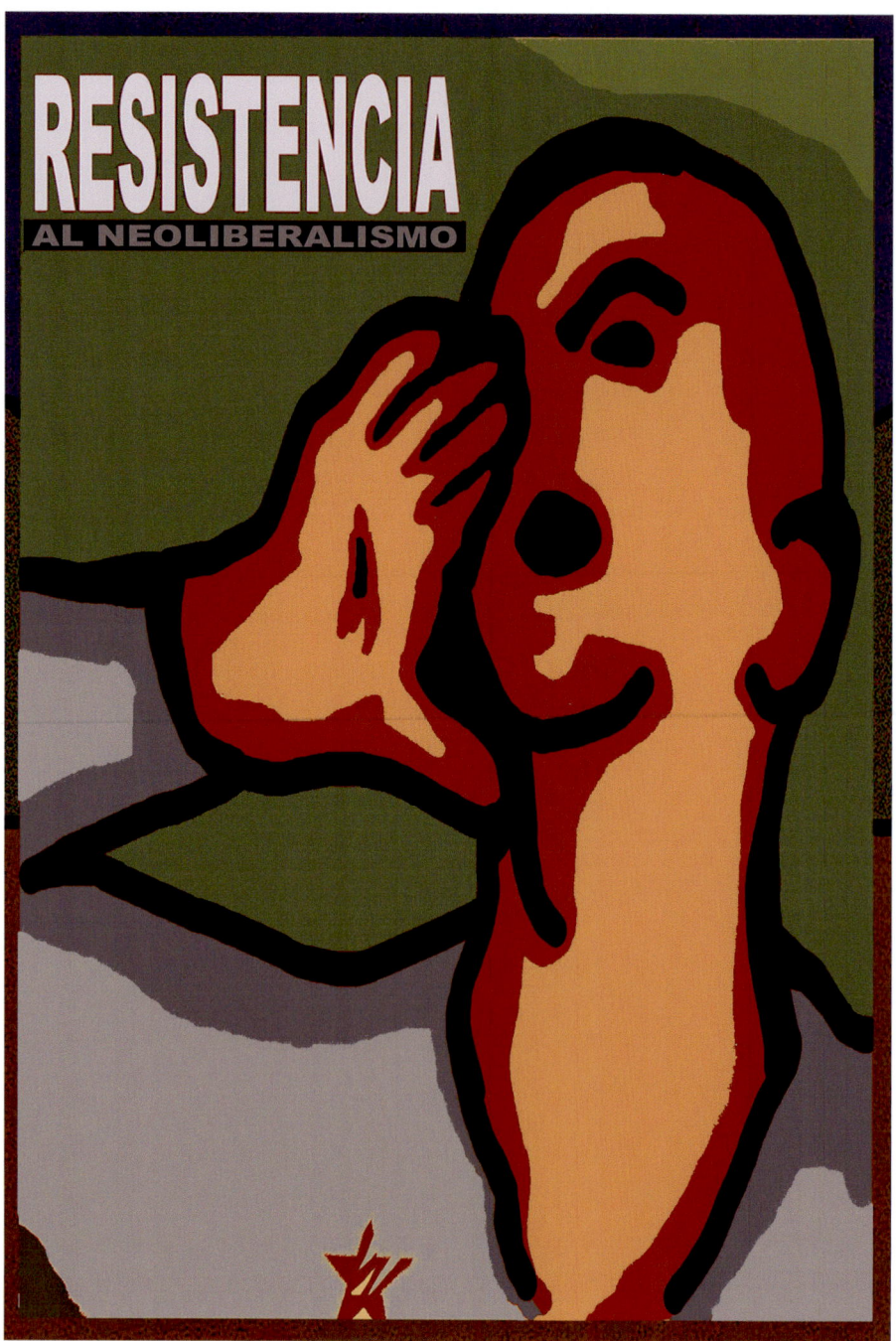

En cambio la realidad nos dice que una economía basada en el fraude, la rapiña y el beneficio personal inmediato no tiene en cuenta las consecuencias sociales ni ambientales e incrementa las diferencias.

Entraremos en sus palacios, nos beberemos su whisky,
nos bañaremos en sus piscinas, escucharemos punk en el palau,
nos comeremos sus jabugos...

Seguiremos en pie.

La oligarquía, descendientes de ladrones, esclavistas y saqueadores que con fraudes y violencia legitimizaron el producto de sus robos.

Cagüen el cambio climático...

ECoLOGía

UNA ECONOMIA SOSTENIBLE Y SOLIDARIA
ACABEMOS CON EL NEOLIBERALISMO
Y EL CRECIMIENTO ILIMITADO

45

SIN LUCHA NO HAY VICTORIA

Nuestra fuerza.

Unión, acción, agitación.

Las plataformas digitales están convirtiendo un mercado explotador
en uno aún más deshumanizante.
Redes de trabajo en condiciones de esclavitud están detrás de los productos
que consumimos y de su distribución.

Expulsados por la guerra, el abuso, la pobreza y la explotación.

No son menas son menores.

GUADALUPE TEPEYAC
FUE OCUPADO POR EL
EJERCITO EL PUEBLO
SE ECHO AL MONTE Y NO
HAN VUELTO

ABUELOS Y ABUELAS, NIÑOS
Y NIÑAS, HOMBRES Y
MUJERES DEJARON SUS
MILPAS, CAFETALES Y
GANADO Y SE FUERON

DESPUES DE VAGAR
POR EL MONTE
CONSTRUYERON
UN NUEVO
POBLADO

AUNQUE NO PUEDAN VOLVER
AUNQUE LES PUEDAN MATAR
LAS PIEDRAS
Y LOS ARBOLES
Y LOS PERROS
SEGUIRAN SIENDO ZAPATISTAS

Contra el racismo y la xenofobia.

Incrementar las masas vegetales de nuestras calles, reducir el tráfico
con peatonalizaciones y transporte público, apostar por un comercio cercano.
Cuidar nuestros barrios, mejorar nuestras vidas.

Con nosotros que no cuenten.

Nuestro universo se expande en todas las direcciones
desde hace 13.800 millones de años.
Cada uno de nosotros somos el centro del universo,
estemos en Pernambuco, Tudela o en Andrómeda.

Listas de espera, paro, exclusión, falta de vivienda...
El deteriodo de los servicios públicos es causado por
falta de financiación, privatizaciones, corrupción...
Nunca por la llegada de trabajadores de otros lugares.

Quieren enfrentarnos entre nosotros, nos buscan enemigos imaginarios...
el extranjero, el más pobre, el diferente...
pero son ellos quienes viven de maravilla a nuestra costa.

Local o de fuera... la misma clase obrera.

Exigen que en los colegios no se hable de diversidad porque eso es adoctrinar.
Piden terapias para curarnos... pero los enfermos de odio son ellos.

Y todavía tienen la jeta de echarnos la culpa de la crisis.

Nuestros ingresos provienen de nuestro trabajo.
Pueden incrementarse un poco si conseguimos mejores condiciones,
o caer por una crisis o el paro.
Pero existe otra economía, la de los financieros y propietarios.

Mientras nuestras economías, en el mejor de los casos,
crece un pequeño porcentaje, las suyas no tienen límite.
De esta forma la brecha entre ricos y el resto de la humanidad
no hace más que crecer.

Si el capitalismo tuviera un lado humano,
esta realidad se podría corregir mediante los impuestos.
Pero incluso aunque un gobierno osara equilibrar esta situación existe
un entramado de empresas, paraisos fiscales e intereses que lo impiden.

No nos basta con intentar reformar el capitalismo.

Hay gente con los bolsillos repletos que no dudan en destruir habitats, sustituyéndolos por vertederos tóxicos y arruinando economías locales para aumentar aún más sus cuentas.

Hay palmeros bién pagados que nos dicen que es por nuestro bién, que así se abarata el precio de la energía, que dependeremos menos de otros.

La revolución agrícola de los años 50 y la ganadería industrial parecían llamadas a acabar con el hambre y la desnutrición en el mundo. Lejos de ello ha supuesto un problema de maltrato animal, contaminación y falta de sostenibilidad.

El sistema judicial siempre se ha caracterizado por ser
débil con los fuertes y fuerte con los débiles.

Las cárceles sólo son lugares de castigo y exclusión.

Derecho que no se defiende se pierde.

Recordemos que la libertad se pierde cuando no se defiende.
Recordemos las consecuencias de fomentar el odio.

Si en algo coincidimos con el génesis bíblico es en que el trabajo es una maldición.

Una renta básica para garantizar una supervivencia digna, cada individuo podría disponer de tiempo y disfrutar de su trabajo o del ocio.

No queremos donaciones ni limosnas. Queremos justicia.

SALUD Y REPÚBLICA

SALUD Y ANARQUÍA

SALUD Y ALEGRÍA

Ante el intento de mejorar las condiciones de vida, la educación, lograr una
reforma agraria, ser dueños de nuestro trabajo, salir del oscurantismo...
El poder respondió con un golpe de estado
que acabó con un sueño y comenzó una pesadilla.

Cientos de miles de muertos, medio millón de exiliados,
cerca de un millón de presos,
cuatrocientos mil de ellos en trabajos forzados,
más de cien mil asesinados por la represión en dos mil quinientas fosas comunes.

Y cuatro décadas de oscuridad que aún hoy arrastramos.

Un mundo sin explotación, un mundo sin fronteras.

Contra la autoridad.

El gasto militar engulle ingentes cantidades de recursos que se sustraen del gasto social o de inversiones públicas.

El negocio es seguro, en muy poco tiempo queda obsoleto y ha de ser renovado.
Los beneficios van a unas pocas manos
que se justifican manteniendo guerras inacabables.

Llevamos unos pocos miles de años viviendo en la Tierra.
Es muy triste que en unas pocas décadas estemos provocando
extinciones masivas y graves alteraciones en los ecosistemas
sólo por el beneficio de unos pocos.

Salgamos a las calles.

Sólo con que currasen los curas todos tendríamos un día más de vacaciones.
Si además trabajasen en algo productivo
los renteros, los especuladores, los políticos, los guardias, los asesores...

79

Vídeos, fotos, mensajes, whatsapp, podcast...
Permitimos que miles de personas malvivan en campos de concentración,
vemos morir a personas sin que parezca importarnos más que un grano en la nariz.

Llega la hora de escoger. Nosotros elegimos la dignidad.

Kaos

Basta de sumisión y respeto al amo.

Unión y acción.

El colonialismo y los imperios no son sólo una oscura página del pasado.
Actuálmente en muchísimos lugares se siguen provocando guerras
para ganar áreas de influencia, robando las tierras,
expoliando los recursos , condenando a la miseria y a una vida sin futuro.

Ni héroes ni civilizadores.

Diversos, iguales. Aprendiendo para ser libres.

De casa al curro, del curro a casa, vuelta a empezar...
Habrá que parar y empezar a vivir.

Emiliano Zapata y Pancho Villa fueron caras visibles de la Revolución Mexicana. Lucharon, con muchos otros hombres y mujeres, por la propiedad comunal de las tierras y el respeto a las comunidades indígenas, obreras y campesinas.

La tierra es de quién la trabaja.

El futuro no eran coches voladores ni ciudades submarinas.
El futuro es 1984.
Cámaras, pagos con tarjeta, localización, big data, reconocimiento facial,
conocer lo que lees, lo que te gusta, lo que gastas y dónde.

Todo sin levantar la nariz de nuestro móvil.

Cuanto más se ignoren las repercusiones sociales y medioambientales de la economía, más problemáticos serán sus efectos. Un sistema económico basado en el crecimiento ilimitado y la rapiña de los recursos es el foco del problema.

Persiguen la crítica, indultan la corrupción.

Paremos la mercantilización de las aulas.

Grandes inversiones para alta velocidad, mientras los cercanías languidecen o no existen.

NO A LA EXPERIMENTACION ANIMAL

Ningún avance médico justifica la tortura de otros seres vivos.
Que se torture para testar una crema antiacné dice mucho de nosotros.
... y nada bueno.

Desde hace años vivimos una involución de sueldos, legislación laboral, jornadas, condiciones de trabajo,
horas extra obligatorias y en muchas ocasiones sin remunerar.
Enfrentando a trabajadores fijos que temen ser sustituidos por temporales que aspiran a mejorar sus condiciones de trabajo.

Siempre Solidarios.

Cuando compramos un chocolate de 0,99 generamos esclavitud.
Cuando compramos un billete de avión de 9,99 generamos trabajos de mierda.
Si consumimos low cost tendremos trabajos low cost.

El comercio siempre ha sido determinante para el progreso y la convivencia.

Ha de ser justo. Si no, sólo es expolio y explotación.

Construyendo.

Todo parece indicar que nuestro Universo, quizás uno entre muchos,
existe desde hace 13.700 millones de años.
Nuestro planeta, uno entre billones, 4.550 millones de años.
Los seres humanos apenas unos pocos miles de años.
Quizás estemos equivocados y esto no sea así...

Lo que sí que parece altamente improbable es que exista un ser supremo
que te prohiba comer jamón, o beber vino.
Ni otro que te promete una vida eterna en el paraíso si eres manso y obedeces al
poderoso... y un infierno si amas a una persona de tu mismo sexo.

Macrogranjas, agricultura intensiva, cambio climático, desforestación.
Ni empleo, ni bienestar, ni desarrollo..

todas las cosas están estrechamente unidas

SOMOS UNA PARTE DE LA TIERRA

...pero habrá que pasarlo bién e intentar cambiarlo.

La educación no debería ser ni un negocio, ni una institución perpetuadora de los privilegios, donde tu compañero de pupitre será tu futuro compañero del consejo de administración.

Organizadas cambiamos el mundo.

La sociedad está formada por personas, pero las relaciones económicas y de poder están dictadas por las clases.
El capitalismo funciona unido como clase, mientras nos dicen que las clases son algo del pasado, batallitas del abuelo.

Estamos en guerra... y vamos perdiendo.

Rompamos las cadenas.

El apoyo mutuo y las luchas y huelgas solidarias son fundamentales
para la clase obrera.

Con la ciencia a nuestro lado desaparecerán las jerarquías,
la mano paternal del viejo estado.
Iguales avanzando juntos.

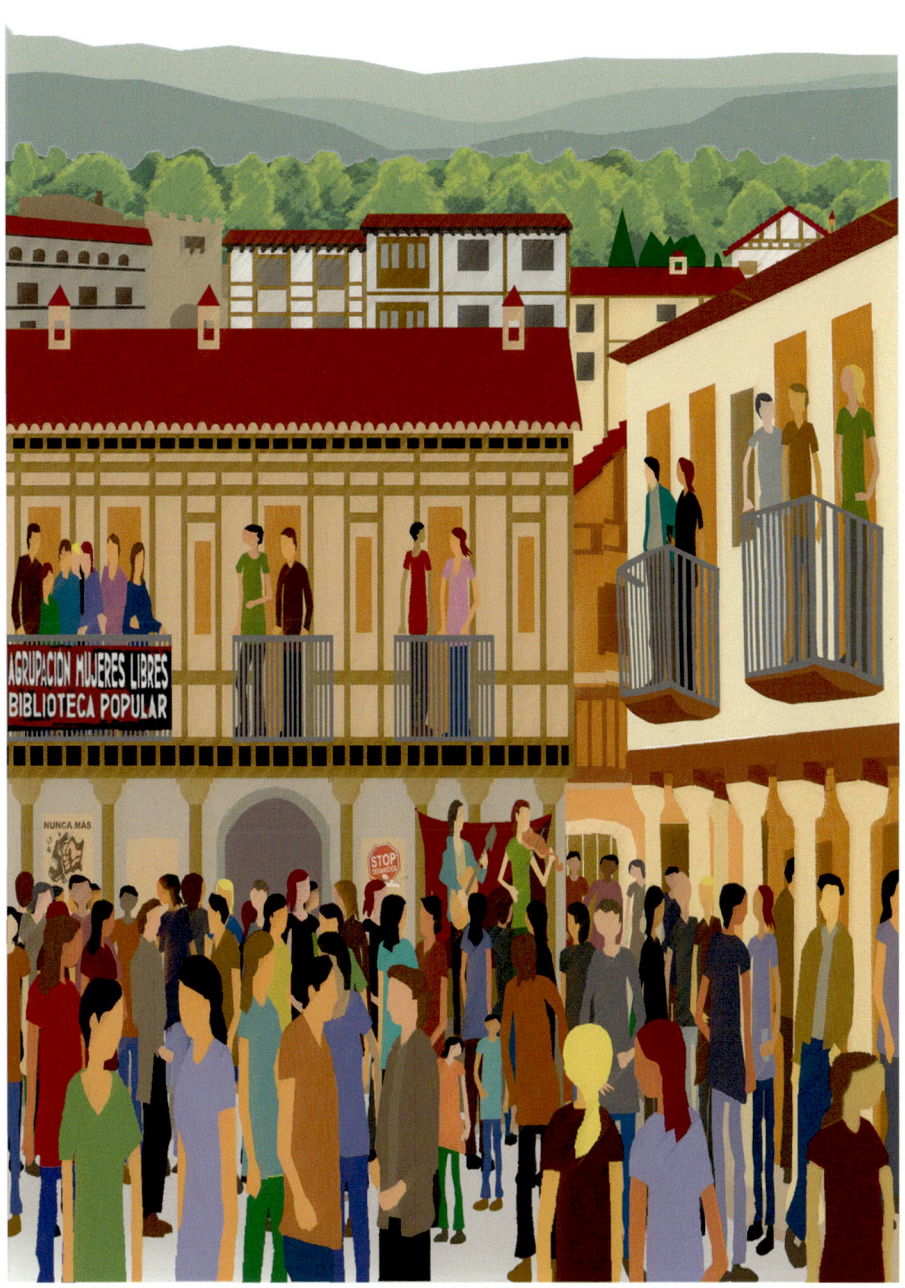

Pueblos vivos, pueblos combativos.

El arte y la cultura son parte de la condición humana,
no sólo somos meros espectadores.
Somos protagonistas.

Mucho mejor un puente que un muro.

No queremos trabajar...

... con sueldos miserables, con jornadas interminables,
con precariedad, sin derechos ni respeto.

Elegir sumisión no es liberarse.

114

Fronteras a la estupidez, límites a la codicia, barreras al egoismo...
nunca a las personas.

Los servicios públicos son esenciales, no podemos permitir su deteriodo ni su privatización.
Las empresas rinden cuentas a sus accionistas, nosotros sólo somos clientes.

Ante una situación de crisis se ocupan de los clientes más rentables, no de los más necesitados.
Se preocupan más de la cuenta de resultados, de sacar más dinero a la sociedad, que de solucionar los problemas de todos.

Unidos frente al odio. Unidos frente al egoismo.

Ni patrias, ni tradición. Ni nosotros primero, ni caza. Ni toros, ni mujeres de verdad. Ni patriarcado, ni amenaza homosexual. Ni volveremos a ser grandes, ni esparragos fritos.

Son los mismos miserables, los mismos ignorantes y los mismos señoritos ladrones y explotadores de siempre.

La lucha continua.

Frente a los que señalan para no ser señalados: Dignidad y Solidaridad.

Somos viento de libertad.

Mujeres Trabajadoras. Mujeres Luchadoras. Mujeres Libres.

Sin miedo.

No nos van a callar.

125

Denunciamos la intolerancia con el diferente, el odio a los pobres y excluidos, el rechazo a las mujeres, el desprecio a otras culturas...

No podemos permitir que se normalicen discursos de odio.

Somos parte de la Tierra.

Se apropian de lo que es de todos, para su propio beneficio.

Más clarete y menos hostias.

NI DIOS NI AMO NI REY

No hay libertad sin justicia.

Hace unos pocos años se consideraba al hombre superior a la mujer,
hace unos pocos más que se tenía derecho a gobernar por la gracia de dios,
que existía una raza superior, que la esclavitud era aceptable...

romper moldes

cuestionar dogmas

¿ Cuántas ideas y hechos que hoy se dan por ciertos
serán considerados aberraciones en el futuro ?

Condiciones dignas en el trabajo, sin discriminación por origen, género o condición.

La misma clase obrera.

Las mejoras sociales no caen del cielo.
Vienen porque hay gente que se junta con otros,
se organiza y lucha...

... no hay caudillos, no hay amados líderes.

Stop genocidio.

La ciencia nos ayuda a entender la realidad y a mejorar nuestras vidas...

Tambièn es capaz de dividir el átomo para matar,
Contaminar y destruir la vida
cuando sólo está al servicio del dinero y el poder.
El conocimiento debe ser público y ético, al servicio de toda vida.

Una casa es para vivir, no para especular y condenar a la precariedad
a los nuevos trabajadores.

Trabajo digno y vivienda.

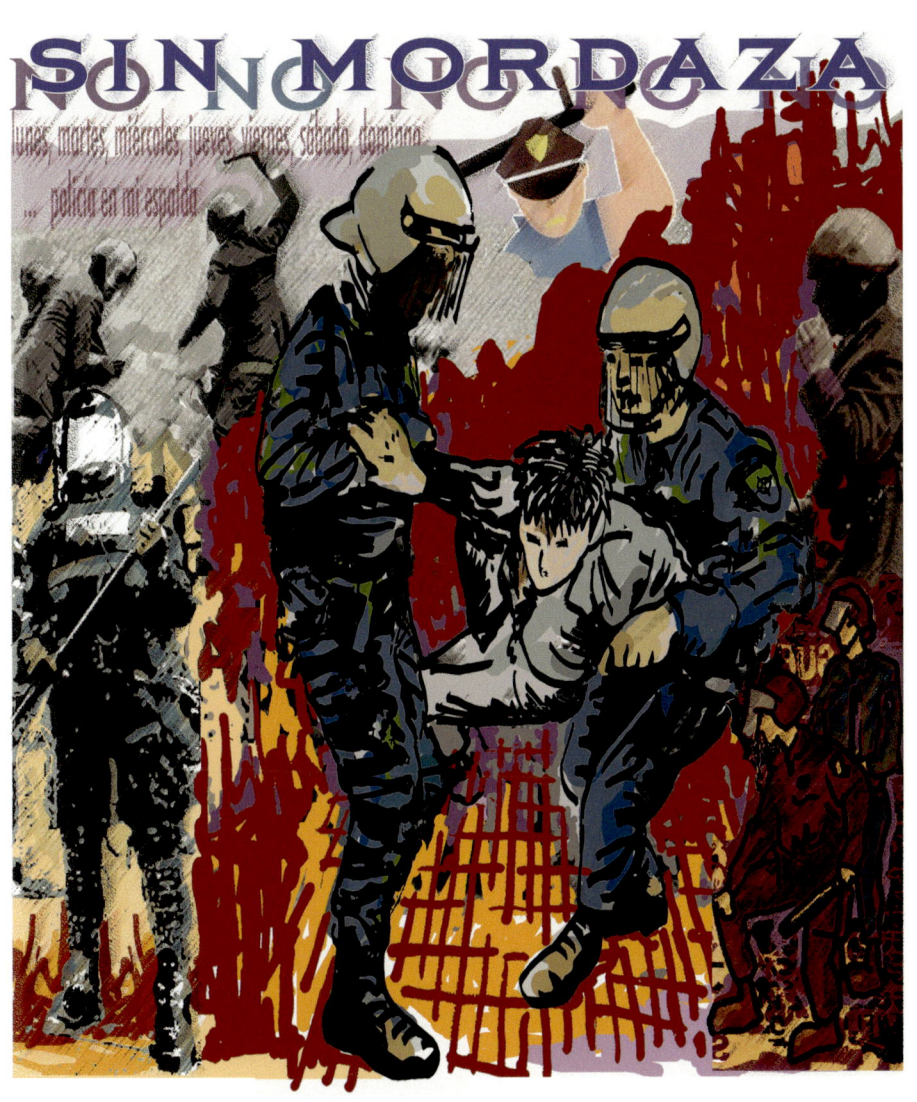

Nos queda luchar. Nos queda protestar.

Cemento, ladrillos, asfalto... cuando el último árbol se tale,
cuando se mate al último lobo...
No quedará nada.

La codicia de los especuladores destruye nuestra tierra, destruye nuestras vidas.

La tierra es de todos. La tierra no es de nadie.

La tierra no se vende.

Nos vemos en la cola,
nos vemos en los bares,
nos vemos en las calles, nos vemos...

... en la línea del frente.

Salud y alegría.

Hay cosas imposibles hasta que suceden.

Nada hay tan perjudicial para el progreso de la mente humana
como no cuestionar la autoridad,
creer que existen dogmas inamovibles,
suponer que nuestras visión es definitiva,
que nuestras victorias son completas,
y los fracasos inevitables,
que no hay nuevos mundos por crear...

POSFACIOS

MAÑANA SOL

DE JAVI KAOS

por

FERNANDO VALIÑO y MANOLO SIERRA

VALLADOLID VISTO POR JAVI KAOS

Si algún día se llega a escribir la verdadera historia de Valladolid de los siglos XX y XXI, hay dos nombres que no pueden faltar: Javi Kaos y Manolo Sierra.

Los dos juntos, pero no revueltos, en este artefacto que tienes en tus manos gracias al Servicio de Publicaciones de la Universidad de Valladolid (Sapientia Aedificavit Sibi Domum: "La sabiduría edificó su casa"), y que hace realidad su declarado deseo de abrirse a la sociedad. Los dos, cada uno con su personalidad y estilo, son auténticos cronistas de lo acontecido en la ciudad —y alrededores— durante las últimas décadas. Más allá de las mentirosas hemerotecas de instituciones y medios tradicionales de comunicación.

La cartelería, los murales, las pintadas... desparramados por la ciudad dan cuenta de las luchas populares mantenidas. Muchas se han perdido, pero hay algunas que se han ganado y ahí están las obras de Javi y Manolo para atestiguarlo con sus creaciones, la mayoría efímeras, que el paso del tiempo y el quehacer dirigido del Servicio Municipal de Limpieza han borrado del paisaje urbano, aunque no del recuerdo colectivo. De ahí la importancia de este libro para contribuir a preservar y a recuperar la memoria en estos tiempos en los que el capitalismo salvaje intenta destruir la palabra, la brocha, el spray... con la IA y otras tecnologías embaucadoras.

Muchas de las obras aquí recogidas y seleccionadas por su autor, Javi Kaos (Valladolid, 1964), han sido utilizadas en el calendario que cada año, desde 1990, pone en circulación Impresiones Deleznables con dedicatorias personalizadas —el de 2025 al cardo borriquero—. El calendario de Javi es una de sus personales aportaciones que anuncian, puntual a la cita, el cambio de año: "La Navidad apesta. ¡Viva la BolinquiDad! Y el buen tiempo".

Javi Kaos nos recuerda fechas de su liturgia a no olvidar: 8 de Marzo, 14 y 23 de Abril, 23 de Junio... en las que muestra su feminismo, su republicanismo... y las eternas ganas de fiesta del autor. Un autor, todo generosidad, que se esconde tras una infranqueable timidez y modestia que se expresa artísticamente con un personal lenguaje: el de un niño nada inocente, llevado al extremo en un barco vikingo y su tripulación a favor de la Escuela Pública y Laica, que provoca la duda de si no será un dibujo prestado de un cuaderno de su hijo Daniel, cuando era pequeño.

La mirada infantil del trazo se complementa con sesudas leyendas callejeras que arremeten "contra el pesimismo" y van más allá de los lamentos, como el propio Javi confiesa en las primeras páginas.

A continuación vendrán sus alegatos contra el racismo, las religiones, el fascismo, las guerras, el poder, las cárceles, el trabajo, los parásitos, el ladrillazo, los militares, la policía, los obispos, la monarquía... Y a favor de la escuela pública y laica, de la sanidad pública y gratuita, la ecología, los centros autogestionados, la diversidad, los zapatistas, el clarete, The Clash.

Algunas de estas ilustraciones han servido para estampar un sinfín de camisetas, como la emblemática de "cagüen". Otras han tenido nueva vida en cuadros, como la titulada "No a la guerra negocio", que cuelga en las paredes del Morgan, segunda casa del autor. Se trata de una tabla, sin bastidor ni marco, porque como expresa su autor, que duda a la hora de definirse como ilustrador o dibujante o pintor o artista.., y que tras un silencio dice: "No tiene importancia. Yo que sé". Nuevo silencio roto para decantarse finalmente por "dibujante". Para él, según afirma en esta publicación, "El arte y la cultura son parte de la condición humana, no solo somos meros espectadores. Somos protagonistas". Protagonistas anónimos, pero con rostro, que Javi Kaos ha reunido y dibujado para la posteridad local con unos simples y certeros rasgos, más que suficientes para hacerlos reconocibles a todos, lo que pone de manifiesto su profundo conocimiento de los modelos y dominio para retratar a sus amigos en la playa de las Moreras en una Noche de San Juan, o a la puerta de La Bici, a la que rebautiza en el toldo de la fachada como: "Seguimos en pie" junto a una estrella de cinco puntas.

Javi cierra sus ilustraciones con: "Nos vemos en la cola, / nos vemos en los bares, nos vemos en las calles, nos vemos..."

¡Eso, NOS VEMOS!

Fernando Valiño

Desde Simancas, intuyendo ya la primavera. Febrero de 2025

Antes de que la Iglesia diese otra vez más un pelotazo inmobiliario, entre la calle Jose María Lacort y la calle Santuario y en la esquina opuesta al Teatro Cervantes actual, había un edificio inmenso de (digamos así) usos múltiples. Eran los años 80, aquellos años llenos de promesas y deseos, años en que todo parecía posible. Los años en que estuvimos a punto de no entrar en la OTAN. Esos (aquellos) años de la explosión de lo popular en pintura, en teatro, en música, en cine. Años para estrenar igualdad, para la emergencia (no la gravedad sino la salida a la luz) de colectivos olvidados y perseguidos. Los años más potentes tal vez del feminismo.

En aquellos locales la JOCE (revolucionaria) se movía como pez en el agua. Allí se proyectaba cine, allí tenía su casa Radio Caribú (una radio libre). Distintos partidos y asociaciones de izquierdas convocaban reuniones y asambleas, talleres de trabajo: allí se pintaban escenografías y pancartas, se editaban "fancines" y se estampaban camisetas.

No fue casualidad que alrededor de aquellos locales estuvieron abiertos bares "distintos" donde tenían lugar exposiciones, conciertos, charlas y ajedrez. Estoy refiriéndome al Minotauro, a la Curva, al Lisboa, a la Luna... fue en ese espacio colectivo donde conocí (supe quién era) a Javi a través de su obra serigráfica, preguntándo abiertamente en una de aquellas reuniones o asambleas quién era el tipo que tan bien encauzaba en sus obras esa razón y ese empuje colectivo.

Salvadas las distancias (entre ellos los años), siempre me pareció la suya una forma de hacer y sobre todo de posicionarse ante los demás (todos nosotros) muy parecida a la del grupo llamado "de Simancas", con Criado, Gabino, Felix, Jorge Vidal, Sabadell y Fernando + You, que más bien habría de llamarlo grupo Jacobo, su gran participe y mentor, allá por los 60. Creo que hay entre estos y Javi similitudes, no solo a la hora de pintar, sino también a la hora de divulgar su obra a base de pequeñas exposiciones, alguna de ellas con charla y debate incluidos, acciones pictóricas realizadas en espacios sociales marginales y también a base de manifestarse políticamente (gracias Blas Pajarero).

Me parece que Javi es un autor que no solo nos ofrece sus obras (estoy pensando en los calendarios y ahora en este libro), sino también su coherencia y su ser consecuente con unas ideas propias y colectivas, al tiempo que nos aúna. Me parece que a Javi, a la hora de crear (qué palabra), no le basta con satisfacer su deseo de pintar y estar bien (o para estar bien), sino que sabe relacionarlo con las preguntas: para quién hago esto, para qué hago esto. Me parece que Javi lleva en su ADN, desde aquellos años 80 en que era un chaval, el compromiso personal y colectivo de ayudar a conseguir un mundo mejor por ser más justo y más generoso.

A mí, como autor, me pasa que a veces me vengo abajo, que no puedo e incluso que no quiero seguir, pero a la vez necesito salir de este "impás", y para hacerlo recurro a pensar que Javi está en la brecha.

Todas estas líneas —Javi— en realidad están escritas así, de esta manera atropellada, para agradecerte que seas el tipo que eres y que sigas haciendo lo que haces.

Gracias. Salud y suerte, amigo.

Manolo Sierra

P.D. No creo que sea una casualidad que serigrafía y la multicopista (a veces llamada vietnamita) sean básicamente lo mismo.